TEXTE OFFICIEL

DE LA

LOI DU 29 DÉCEMBRE 1923

SUR LA

HAUSSE ILLICITE DES LOYERS

SUIVI DU TEXTE OFFICIEL DE LA

Loi du 31 Mars 1922

portant fixation définitive de la

LÉGISLATION DES LOYERS

Prix : 1 franc

ETIENNE CHIRON, Editeur

40, RUE DE SEINE, 40

PARIS

TEXTE OFFICIEL

DE LA

Loi du 29 décembre 1923

ayant pour but de réprimer la

Hausse illicite des Loyers

LOI

ayant pour but de réprimer la hausse illicite des prix des baux à loyer

Le Sénat et la Chambre des députés ont adopté,

Le Président de la République promulgue la loi dont la teneur suit :

ARTICLE PREMIER

« Dans le département de la Seine, et dans un rayon de 50 kilomètres des fortifications de Paris, dans les communes d'une population totale d'au moins 4.000 habitants, dans celles où le recensement de 1921 accuse, soit un accroissement de la population municipale, soit un accroissement du nombre des foyers, et dans les régions libérées, quelle que soit l'importance de la population, jusqu'au 1er janvier 1926, les baux à loyer pour les locaux à usage d'habitation, seront régis par les règles ci-après :

« Toutes les dispositions des titres II et III de la loi du 31 mars 1922 dont l'application est limitée au 1er janvier 1925 ou à certaines parties du territoire auront effet jusqu'au 1er janvier 1926, et dans toutes les communes visées au paragraphe précédent.

« La prorogation prévue à l'article 7, paragraphe 2, de la loi du 31 mars 1922 ne pourra être d'une durée inférieure à six mois.

« Aucune forclusion ne pourra être invoquée contre les demandes de prorogation formées par application de la présente loi avant l'expiration d'un délai de six mois à compter de sa promulgation.

ART. 2

« Pour tous les baux consentis depuis le 31 mars 1922 et tous ceux qui seront consentis pendant la durée d'application de la présente loi, les prix des locations seront fixés, jusqu'au 1er janvier 1926, en prenant pour base la valeur locative de 1914.

« Cette valeur locative de 1914 est établie :

« .Pour les locaux qui, à cette époque étaient déjà loués
d'après le dernier terme devenu exigible le 1er août 1914,
à moins que le propriétaire puisse établir que le prix du
bail était inférieur à la valeur locative des locaux loués,
auquel cas il pourrait évoquer la règle ci-après :

« Pour les locaux non encore loués en 1914, par analogie
avec les prix payés pour des logements similaires.

ART. 3

« La valeur locative de 1914, ainsi déterminée, est suscep-
tible de majoration à raison de :

« 1° L'augmentation des impôts mis par la loi à la charge
du propriétaire, à l'exception de l'impôt cédulaire sur le
revenu-foncier ;

« 2° L'augmentation du coût des travaux d'entretien et
de la représentation du dépérissement, cet élément calculé
sur la base de 10 p. 100 de la valeur locative de 1914, déduc-
tion faite des impôts alors existants. lesquels 10 p. 100 subi-
ront une majoration d'après le coefficient d'augmentation
du prix des travaux ;

« 3° L'augmentation du taux du loyer de l'argent, cet
élément devant être déterminé en multipliant par 20 le
surplus de la valeur locative de 1914 pour chiffrer le capital
investi et en attribuant à ce capital un intérêt de 7 p. 100,
sauf ce qui sera prescrit aux articles suivants.

« Les locaux insalubres reconnus dans les conditions fixées
par la loi du 31 mars 1922 ne pourront être l'objet d'aucune
augmentation de loyer, tant que les travaux ordonnés n'auront pas été exécutés.

« Les déclarations d'insalubrité faites par le bureau
d'hygiène soit d'office soit sur la réclamation du locataire
seront notifiées par ledit bureau d'hygiène au locataire inté-
ressé avec la mention que son loyer ne peut être l'objet
d'aucune augmentation. »

ART. 4

« A Paris et dans les communes du département de la
Seine, le prix limite du loyer, basé sur les opérations décrites
en l'article 3, est fixé à 75 p. 100 au-dessus du prix du loyer
en vigueur au 1er août. 1914, sous réserve de la faculté
réservée aux propriétaires d'obtenir le relèvement du prix
dans l'hypothèse prévue à l'article 2. »

ART. 5

« Dans les autres départements, le prix-limite sera fixé,
pour chaque commune ou catégorie de communes, par une

commission paritaire instituée au chef-lieu de chaque département.

« Cette commission, composée de six propriétaires et de six locataires, exclusivement l'un ou l'autre, résidant dans le département, sera choisie sur la liste du jury d'expropriation par la première Chambre de la cour d'appel du ressort. Elle sera présidée par un conseiller de ladite cour, désigné par le premier président, et se réunira au chef-lieu du département dans les deux mois de la promulgation de la loi.

« Cette commission chiffrera les augmentations prévues par les paragraphes 2° et 3° de l'article 3 ; au total de ces deux augmentations, elle ajoutera un dixième, et, si elle estime que les trois majorations sont insuffisantes, elle pourra admettre un pourcentage total plus élevé.

« Au prix-limite ainsi déterminé, le propriétaire ajoutera, pour chaque locataire et au prorata de son loyer, la part des impôts afférents à la jouissance de l'immeuble loué, l'impôt cédulaire foncier non compris.

« Le tableau des taux de majoration admis par la commission sera publié, à la diligence du préfet, par voie d'affichage, dans toutes les communes intéressées et d'insertion au *Bulletin des actes administratifs du département*.

« Le président de la commission recevra, s'il y a lieu, sur les fonds de la justice criminelle, à l'occasion de ses déplacements, les indemnités allouées par l'article 112 du décret du 5 octobre 1920 aux magistrats délégués comme présidents des cours d'assises.

« Les membres de la commission recevront, sur les fonds de la justice criminelle, les indemnités de session, de déplacement et de séjour prévues pour les membres du jury criminel par les articles 48 à 55 du décret du 5 octobre 1920. Ces indemnités pourront être payées sur simple taxe du président de la commission dans les conditions déterminées par l'article 141 du décret précité.

« Les frais d'affichage et les menues dépenses de la commission seront à la charge du département. »

ART. 6

« En sus du prix-limite, les impôts mis par la loi à la charge du locataire, les prestations en nature pourront être réclamés dans la mesure où le propriétaire justifiera de leur montant, lequel sera réparti entre les divers occupants d'un même immeuble au prorata de leurs loyers.

« Il pourra être établi, pour le remboursement des prestations en nature, un prix à forfait lequel ne devra pas être supérieur à 10 p. 100 du montant du loyer. »

ART. 7

« Si le bail impose au preneur, soit par les stipulations contenues dans l'acte, soit par l'un des deux moyens prévus au premier paragraphe de l'article 17 de la loi du 31 mars 1922, un prix de location supérieur au prix-limite, tel qu'il est déterminé par les articles 3, 4, 5 et 6 ci-dessus, le locataire sera admis, pour les baux antérieurs à la promulgation de la loi, dans les trois mois de cette promulgation et, pour les baux postérieurs, dans les trois mois de l'entrée en jouissance, à demander la réduction du prix du bail au prix-limite, nonobstant toutes conventions contraires et tous payements déjà intervenus, mais sous la réserve des décisions de justice ou des transactions faites sous la médiation du juge.

« Toutefois, le propriétaire sera en droit de prouver que l'application des règles fixées par l'article 3 ne lui donnerait pas le pourcentage retenu par la commission paritaire, et même que le coefficient d'augmentation des travaux d'entretien admis par la commission ne lui permettrait pas, en raison de l'état particulier de son immeuble, d'assurer son entretien.

« Tant à Paris que dans les départements, le propriétaire sera admis à prouver qu'il a fait des améliorations depuis 1914 et à en réclamer l'intérêt à 7 p. 100.

« Dans ces divers cas, et dans les limites de la preuve fournie, le tribunal fixera le montant de la majoration à laquelle le propriétaire pourra prétendre, en sus de celle retenue par la commission paritaire.

« Si un bail a été consenti ou renouvelé au locataire occupant ou à ses héritiers, entre le 31 mars 1922 et le 1er janvier 1926 pour une durée supérieure à trois ans, la majoration pourra être augmentée de 10 p. 100 de la valeur du loyer de 1914.

« La décision prononçant la réduction du prix du loyer ne modifiera en rien les conditions de durée fixées au bail, lesquelles continueront à rester en vigueur.

« Néanmoins, en cas de location verbale, le tribunal pourra prononcer le maintien en possession du locataire, conformément aux dispositions de la loi du 31 mars 1922.

« La décision ne pourra ni ordonner le remboursement du trop-perçu sur les termes échus au jour de la demande, ni allouer au locataire des dommages-intérêts. »

ART. 8

« Le bailleur, convaincu d'avoir, directement ou indirectement, majoré de plus du quart le prix du bail tel qu'il aura été établi par application des dispositions qui précèdent, pourra être condamné à une amende civile au moins égale à la majoration illicite et qui pourra être portée au quadruple. En cas de récidive, le maximum de l'amende sera toujours prononcé.

« Cette amende sera prononcée par la juridiction statuant sur l'action en réduction. »

ART. 9

« L'action en réduction de prix sera portée par le locataire devant le juge de paix pour les locaux d'un loyer n'excédant pas 1.000 francs, charges non comprises, et devant le tribunal de première instance qui statuera en chambre du conseil pour les loyers d'un prix supérieur.

« La juridiction compétente sera celle du lieu de l'immeuble.

« L'action sera introduite par assignation délivrée au défendeur après que le juge de paix, le président du tribunal ou le juge délégué par lui, qui pourra être un juge assesseur, devant lesquels les parties devront se présenter préalablement pour être conciliées, aura donné son visa avec fixation du jour d'audience.

« L'assignation indiquera les nom, profession et domicile du demandeur, l'objet de la demande, le jour et l'heure de la comparution au délai minimum de huit jours francs.

« Les parties comparaîtront en personne, sauf en cas d'excuse valable.

« Elles pourront se faire assister ou représenter par tous mandataires de leur choix et, pour les affaires ressortissant du tribunal, par un avocat régulièrement inscrit ou un avoué.

« Si la décision est rendue par défaut, avis de ses dispositions est transmis par le greffier à la partie défaillante, par lettre recommandée avec avis de réception, dans les cinq jours du prononcé.

« L'opposition n'est recevable que dans la quinzaine de la date de réception de la lettre reconmmandée ou, à défaut d'avis de réception, dans la quinzaine de la notification qui sera faite par huissier.

« Elle est formée par déclaration au greffe dont il est délivré récépissé.

« La lettre recommandée ou la notification par huissier contiendra mention de cette prescription.

« Les parties intéressées sont prévenues par lettre recommandée du greffier, avec avis de réception ou par exploit d'huissier, pour la prochaine audience utile avec délai minimum de huit jours francs.

« La décision qui intervient, est réputée contradictoire.

« Elle est notifiée par le greffier dans la forme et les délais fixés ci-dessus.

« Les décisions du juge de paix ou celles du tribunal seront rendues en dernier ressort ; la voie du recours en cassation sera seule ouverte devant la commission supérieure instituée par la loi du 14 décembre 1920, en se conformant aux règles de l'article 51 de la loi du 9 mars 1918 et de l'article 4 de la loi du 14 décembre 1920.

« Le greffier recevra les émoluments fixés par le tarif général du décret du 29 décembre 1919.

« Lorsque la demande en réduction est formée par voie de demande reconventionnelle, elle suit le sort de la demande principale. »

ART. 10

« Les dispositions de la présente loi ne sont pas applicables aux immeubles construits ou achevés postérieurement au 1er août 1914. »

ART. 11

« Le produit des amendes prononcées par les tribunaux des loyers, sera attribué au département. »

ART. 12

« La présente loi est applicable aux départements du Bas-Rhin, du Haut-Rhin et de la Moselle, dans les conditions du décret du 2 septembre 1922, mais sans préjudice de l'application de l'article 9, alinéa 6, de la présente loi, ainsi qu'à l'Algérie et aux colonies. »

La présente loi, délibérée et adoptée par le Sénat et par la Chambre des députés, sera exécutée comme loi d'Etat.

Fait à Paris, le 29 décembre 1923.

A. MILLERAND.

Le garde des sceaux, ministre de la Justice,
MAURICE COLRAT.

LOI

portant fixation définitive de la législation des loyers [1]

TITRE PREMIER

Art. 1er. — Sauf les droits résultant d'une décision judiciaire ayant acquis l'autorité de la chose jugée ou d'accords intervenus entre les parties, le point de départ de la prorogation accordée aux locataires par l'article 56 de la loi du 9 mars 1918, complété par l'article premier de la loi du 23 octobre 1919, est fixé au 24 octobre 1919 pour les baux expirés antérieurement à cette date et à la date d'expiration du bail pour ceux venus ou venant à expiration postérieurement.

Pour les locations verbales, la prorogation a commencé à courir, qu'il y ait eu congé ou non, le premier jour du terme qui a suivi la notification faite par lettre ou par acte extra-judiciaire de la volonté du locataire de profiter des dispositions des lois sus indiquées. Si la notification a été faite antérieurement au 24 octobre 1919, la prorogation n'a commencé à courir qu'à partir de cette date.

Toutefois, ladite prorogation ne pourra avoir pour effet de prolonger le bail ou la location au delà de neuf ans pour les locaux d'habitation, ou de quinze ans pour les locaux commerciaux, industriels ou professionnels, à compter du 24 octobre 1919.

Les locataires appelés à bénéficier des prorogations prévues par les lois des 9 mars 1918 et 23 octobre 1919 devront, en sus du prix du loyer et à compter du terme qui suivra la promulgation de la loi, contribuer, chacun pour sa part et au prorata du prix de son loyer, à l'augmentation qui s'est produite, depuis le 1er août 1914, dans les impôts et taxes de toute nature grevant l'immeuble loué, à l'exception de l'impôt sur le revenu de la propriété foncière, et à l'augmentation subie depuis le 1er août 1914 des prestations payées pour la commodité des locaux.

Ils devront, en outre, pour contribuer dans les mêmes conditions à l'augmentation subie par les dépenses d'entretien, payer 5 % du prix du loyer tel qu'il était en 1914.

Ne supporteront pas cette double augmentation :

1° Les locataires dont le loyer a été augmenté en vertu d'une convention postérieure au 1er août 1914.

2° Les locataires qui bénéficient de la prorogation au titre de mobilisés et qui l'ont été dans la zone des armées.

3° Les réfugiés des régions libérées, lorsqu'ils sont petits

(1) Cette loi du 31 mars étant fréquemment citée dans la loi du 29 décembre 1923, nous pensons intéressant d'en présenter ici le texte.

locataires, aux termes de l'article 15 de la loi du 9 mars 1918, et qu'à raison de la destruction de leur domicile d'avant guerre, ils ne peuvent pas se réinstaller dans les régions dévastées par la guerre.

Dans tous les cas, la durée de ces prorogations sera prolongée d'un délai suffisant pour achever le terme d'usage.

A dater de la promulgation de la présente loi, tout locataire qui, appelé à bénéficier d'une prorogation, a sous-loué ou sous-louera avec bénéfices, sans accord préalable avec le propriétaire, devra supporter, pour le temps correspondant à la durée de cette sous-location, une augmentation du prix du loyer originaire proportionnée aux bénéfices réalisés.

Aucune prorogation n'est opposable par un locataire qui n'a pas été mobilisé à un propriétaire qui, l'ayant été, voudra réintégrer l'immeuble qu'il habitait avant la guerre ou dans lequel il exerçait sa profession.

Art. 2. — Pour les locaux à usage commercial, industriel ou professionnel, les articles 56 et 58 de la loi du 9 mars 1918, ainsi que l'article premier, paragraphe 3, de la présente loi sont applicables aux cessionnaires ou sous-locataires, quelle que soit la date de la cession ou de la sous-location.

Cette disposition ayant un caractère interprétatif, les cessionnaires ou sous-locataires seront recevables à réclamer la prorogation, nonobstant toute décision contraire, même passée en force de chose jugée, à l'exception seulement des décisions qui auraient été exécutées et à condition de formuler leur réclamation dans les formes prévues par la présente loi et au plus tard dans les trois mois de la promulgation.

Art. 3. — *Sont réputés locaux à usage professionnel, au* sens de l'article 56 de la loi du 9 mars 1918, les locaux dans lesquels les locataires exercent effectivement leur art ou leur profession et ceux-ci seront admis à réclamer la prorogation, nonobstant toute décision contraire même passée en force de chose jugée, à l'exception seulement des décisions qui auraient été exécutées et à la condition de formuler leur réclamation conformément à l'article qui précède.

Il en est de même pour les locaux occupés par des établissements d'utilité publique et des œuvres de bienfaisance, d'assistance et de prévoyance sociales.

Art. 4. — Les prorogations prévues à l'article 56 de la loi du 9 mars 1918 cesseront d'être opposables à partir du 31 décembre 1922 aux bailleurs mutilés ou réformés de guerre, aux veuves de guerre, aux ascendants ayant recueilli la veuve ou les enfants de militaires ou de marins morts pour la France, aux bénéficiaires des lois du 31 mars 1919 et du 24 juin 1919, aux sinistrés dont l'habitation a été détruite ou rendue inhabitable par fait ou accident de guerre, à moins cependant que le locataire ne rentre dans une des catégories ci-dessus visées Les bailleurs susdésignés, à peine de forclusion, devront faire connaître dans le délai de deux mois, à partir de la promulgation de la présente loi, leur volonté de reprendre les locaux loués pour leur habitation personnelle. La notification aura lieu par acte extrajudiciaire, conformément à l'article 58 de la loi du 9 mars 1918.

ART. 5 — Les bailleurs dont le droit à indemnité de 50 % pour pertes de loyers a été consacré par l'article 29 de la loi du 9 mars 1918 et qui ont été déclarés forclos, à raison de retard dans la production de leur demande d'indemnité, sont admis à présenter une nouvelle demande dans un délai d'un an à dater de la promulgation de la présente loi

ART. 6. — Les Ministères et Administrations publiques dépendant de l'Etat, autres que les services des Finances, des Postes et des Télégraphes, des Pensions et des Régions libérées, devront avoir abandonné, avant le 1er juillet 1922, les locaux privés à usage d'habitation qu'ils ont occupés postérieurement au 1er août 1914.

TITRE II

ART. 7. — Tous les locataires pouvant invoquer le bénéfice du titre II de la présente loi seront maintenus de plein droit, jusqu'au terme d'usage qui précédera le 1er janvier 1923, en possession des locaux par eux occupés, aux conditions de la loi du 6 janvier 1922.

En outre, à titre exceptionnel, à raison de la pénurie des logements et en l'absence de conventions contraires intervenues postérieurement au 23 octobre 1919, dans le département de la Seine et dans un rayon de 50 kilomètres des fortifications de Paris, dans les communes d'une population totale d'au moins 10.000 habitants, et dans les agglomérations distantes de 5 kilomètres de ces communes, dans celles où le recensement de 1921 accuse soit un accroissement de la population municipale, soit un accroissement du nombre des foyers, et dans les régions libérées, quelle que soit l'importance de la population, il pourra être accordé une prorogation de jouissance à toue les locataires, cessionnaires et sous-locataires dont les baux et locations sont venus ou viendront à expiration avant le 1er janvier 1925. Cette prorogation pourra être accordée dans toute la France aux réfugiés des départements dévastés qui justifieront que les immeubles de leur commune d'origine sont encore détruits où, s'ils sont propriétaires, que leur immeuble d'habitation n'est pas encore reconstruit.

En aucun cas, les prorogations accordées aux locataires

cessionnaires, sous-locataires, ne pourront être opposées aux cautions dont les obligations prendront fin aux dates fixées primitivement par la convention.

Art. 8. — La durée de la prorogation prévue au paragraphe 2 de l'article 7, qui ne devra être ni inférieure à trois mois, ni dépasser le 1ᵉʳ janvier 1925, sera fixée suivant la condition respective des parties, l'état des locaux vacants dans la région et toutes les circonstances de la cause, l'expiration devant toujours coïncider avec un terme d'usage

Art. 9. — N'ont pas droit au bénéfice des prorogations de l'article 7 :

1° Les étrangers n'ayant pas combattu ni servi, ou dont les enfants ou gendres n'auront pas combattu ou servi dans les diverses formations des armées françaises, alliées ou associées ;

2° Les locataires, sous-locataires et cessionnaires de locaux de plaisance ;

3° Les locataires, cessionnaires et sous-locataires ayant plusieurs habitations, à moins qu'ils ne justifient que leur fonction ou leur profession les y oblige, ou que les locaux d'habitation loués par eux en sus de leur habitation personnelle sont occupés par leurs ascendants ou descendants ou ceux de leur conjoint ;

4° Les occupants de locaux d'habitation pour lesquels le logement constitue un des accessoires du contrat du louage de services.

Art. 10. — Pour être admis au bénéfice des prorogations de l'article 7, les locataires, cessionnaires et sous-locataires devront :

1° Avoir satisfait à toutes les obligations imposées par leurs contrats, les usages locaux ou les décisions judiciaires intervenues ;

2° Occuper et s'engager à occuper, dans la plus grande partie, par eux-mêmes ou par les membres de leur famille l'occupant antérieurement avec eux, l'immeuble objet de la prorogation ;

3° S'engager à payer et payer, pendant toute la durée de la prorogation, une majoration du prix du loyer en rapport avec l'augmentation des charges, les améliorations et la valeur réelle des locaux.

Le juge pourra refuser la majoration, s'il estime que, pour les locations récentes, elle n'est pas justifiée.

Dans le cas où le preneur n'exécuterait pas, en cours de prorogation, l'une des conditions énoncées ci-dessus, il sera déchu du bénéfice de la prorogation et sera dès lors régi par le droit commun.

Le loyer des locaux reconnus insalubres ne pourra être l'objet d'aucune augmentation.

§ L'insalubrité des locaux sera établie :

a) Dans les villes de plus de 20.000 habitants, par le bureau de l'hygiène prévu par la loi du 15 février 1902 ;

b) Dans les autres communes, par les commissions sanitaires de circonscription.

Ces décisions seront susceptibles d'appel devant les conseils de préfecture, qui pourront ordonner une expertise.

La liste de ces locaux sera consignée sur un registre déposé à la mairie.

ART. 11. — L'assiette du privilège ou des droits et actions du bailleur pourra être limitée par les parties à une portion déterminée et suffisante du mobilier garnissant les locaux loués et servant de gage spécial à sa créance. Le bailleur pourra, si le locataire quitte les lieux loués avant le complet paiement des loyers encore dus et sans fournir une caution suffisante, réaliser le gage affecté à sa créance.

Néanmoins, le privilège du bailleur ne pourra s'exercer sur les meubles, effets mobiliers, ustensiles et objets nécessaires à la nourriture, au coucher et au travail du locataire et des membres de sa famille.

ART. 12. — Les locataires dont les loyers d'avance ont été utilisés conformément à l'article 25 de la loi du 9 mars 1918 ne sont pas tenus de les reconstituer

ART. 13. — Le droit à la prorogation instituée par le paragraphe 2 de l'article 7 n'est pas opposable au propriétaire qui justifiera d'un motif légitime pour occuper par lui-même ou faire occuper par ses ascendants ou descendants ou par ceux de son conjoint, à titre d'habitation, un local d'habitation, sauf si le locataire appartient à une des catégories suivantes : mutilés ou réformés de guerre, veuves de guerre, ascendants ayant recueilli la veuve ou les enfants de militaires ou de marins morts pour la France, bénéficiaires des lois des 31 mars et 24 juin 1919, sinistrés dont l'habitation a été détruite ou rendue inhabitable par fait ou accident de guerre, chefs de famille ayant au moins trois enfants mineurs habitant avec eux ou à leur charge ou si le locataire est âgé de 70 ans ou atteint d'une maladie ou infirmité grave dûment constatée. Si le propriétaire lui-même, ou ses enfants appartiennent eux-mêmes à une de ces catégories, le droit à une prorogation ne leur est pas opposable.

La disposition du premier alinéa du présent article n'est pas applicable aux propriétaires de fractions d'immeubles dont les acquisitions, autrement que par succession, n'ont pas date certaine avant le 1ᵉʳ février 1922 ou qui, postérieurement à cette date, auront acquis un appartement provenant d'un fractionnement d'immeuble effectué antérieurement.

Ce droit ne pourra être exercé qu'une seule fois au profit de chacun des bénéficiaires ci-dessus énoncés.

Art. 14. — Le propriétaire ayant excipé des dispositions du paragraphe premier de l'article précédent et qui, dans le délai de trois mois, à dater du départ du locataire et pendant une durée minima d'une année, n'aura pas occupé l'immeuble devra au locataire congédié une indemnité qui ne pourra pas être inférieure à deux années de loyer du local précédemment occupé.

Art. 15. — Aucun local affecté à l'habitation ne pourra être transformé en établissement de spectacles publics ou de danse, ou en local commercial ou industriel, jusqu'au 1er janvier 1925

Toute infraction à la présente disposition constitue une contravention poursuivie en vertu du paragraphe 15 de l'article 471 du Code pénal. Le juge de police devra ordonner la réaffectation des lieux en locaux d'habitation dans le délai qu'il impartira.

Faute d'exécution dans le délai imparti, le propriétaire et l'occupant seront traduits devant le tribunal correctionnel et passibles d'une amende de deux mille francs à dix mille francs (2.000 à 10.000). Le tribunal devra en outre ordonner l'exécution aux frais des parties des travaux de réhabitation.

Art. 16. — Les prorogations accordées par les différentes lois, y compris la présente, ne pourront ouvrir droit à des dommages-intérêts au profit soit d'un acquéreur de l'immeuble, soit d'une personne ayant loué à bail dans cet immeuble antérieurement à la promulgation de la présente loi D'autre part, si la prise de possession d'un local loué à bail dans ces conditions se trouve retardée, le locataire futur qui voudrait résilier la convention devra, en ce cas, déclarer sa volonté de résilier la convention dans les trois mois de la promulgation de la présente loi.

Art. 17. — Lorsqu'il s'agit de locaux à usage d'habitation, toute exigence du bailleur, de ses agents ou préposés, ou toute convention tendant à imposer au preneur, soit sous forme de reprise de mobilier, soit sous forme de remise d'argent supplémentaire, un prix de location qui ne serait pas proportionné à la valeur du local, seront considérées comme illicites et frappées comme telles de nullité En outre, toutes personnes les ayant frauduleusement exigées seront passibles des peines prévues à l'article 419 du Code pénal, les dispositions des articles 116 et suivants du Code civil restant applicables, s'il y échet, pour les locaux à usage commercial ou industriel.

Art. 18. — A défaut d'accord amiable, pour obtenir le bénéfice de la prorogation prévue à l'article 7, le locataire devra, soit par lettre recommandée, soit par acte extra-judiciaire, faire connaître au bailleur la durée et les conditions de la progation sollicitée

Cette demande devra être formée trois mois au moins

avant l'expiration du bail écrit ou de la prorogation déjà acquise. S'il s'agit d'une location verbale déjà dénoncée par congé la demande doit être formée dans les trois mois de la promulgation de la présente loi. S'il s'agit d'une location verbale en cours, la demande doit être formée dans les vingt jours de la réception du congé, lequel, à peine de nullité, devra expressément mentionner ce délai. Aucune forclusion ne pourra être invoquée avant l'expiration du délai de trois mois à compter de la promulgation de la présente loi.

Dans les vingt jours de la réception de la demande de prorogation, le bailleur notifiera, en la même forme, au locataire s'il accepte la proposition ou sur quels points il entend la contester.

Faute de réponse dans le ledit délai ou en cas de désaccord, la partie la plus diligente saisira, par lettre recommandée ou déclaration faite au greffe, le juge de paix, quand le prix du loyer en cours ne dépassera pas 1.000 francs, et, dans tous les autres cas, le président du tribunal civil de la situation de l'immeuble, lequel pourra se faire remplacer par un magistrat du siège ou un juge assesseur.

Le juge de paix, le président ou le juge délégué convoquera, par lettre recommandée du greffier avec avis de réception, les parties qui, sauf en cas d'excuse jugée valable, comparaîtront en personne et pourront se faire assister ou représenter devant le juge de paix par tous mandataires de leur choix et, pour les affaires ressortissant du tribunal de première instance, par un avocat régulièrement inscrit ou un avoué exerçant près ce tribunal.

Le juge aura pour mission de concilier les parties. Il devra dresser procès-verbal, soit de la non-conciliation, soit de l'accord intervenu. Dans ce dernier cas, le procès-verbal sera revêtu de la formule exécutoire. Les parties pourront, par une demande signée de chacune d'elles, donner au juge tout pouvoir de trancher leur différend comme arbitre amiable compositeur en dernier ressort, avec dispense de toutes formalités judiciaires et s'engager à tenir sa décision comme règle de leurs accords réciproques.

Faute de comparution ou de représentation, ou à défaut de conciliation, l'affaire sera portée par le juge de paix à son audience, ou par le juge conciliateur devant le tribunal qui statuera en chambre du conseil, sur son rapport et sans autre procédure, et dont pourront faire partie les juges assesseurs.

Les parties seront avisées huit jours au moins à l'avance du jour de l'audience par lettres recommandées, expédiées par le greffier ; elles pourront s'y présenter ou s'y faire représenter de la manière et en la forme susindiquées.

La décision du juge de paix ou du tribunal sera rendue en dernier ressort et ne pourra être attaquée que par la voie du recours devant la commission supérieure instituée par la loi du 14 décembre 1920, en se conformément aux règles de l'article 51 de la loi du 9 mars 1918 et de l'article 4 de la loi du 14 décembre 1920.

Le greffier recevra les émoluments fixés par le tarif général du décret du 29 décembre 1919.

La même procédure sera suivie pour toutes les instances non encore introduites, ainsi que pour le jugement des affaires renvoyées après cassation par arrêt postérieur à la promulgation de la présente loi, relatives à l'application des lois des 9 mars 1918, 4 janvier et 23 octobre 1919, et 4 mai 1920, et le titre premier de la présente loi concernant les loyers.

Les commissions arbitrales sont supprimées, leurs archives seront déposées aux greffes des tribunaux dans le ressort desquels elles fonctionnent. Elles continueront à juger les affaires inscrites au greffe pour conciliation.

En raison de la suppression des commissions arbitrales, au cas d'accord intervenu entre les parties avant la promulgation de la présente loi, dans la procédure de conciliation prévue par la loi du 9 mars 1918, le procès-verbal de l'accord sera délivré aux parties, sur leur demande, revêtu de la formule exécutoire.

TITRE III

ART. 19. — Dans les villes placées sous l'empire du décret du 26 mars 1852, l'article 5 de ce décret cessera d'être applicable jusqu'au 31 décembre 1924.

Dans celles où, en vertu d'arrêtés ou de règlements municipaux, des réparations de peinture ou de blanchiment des maisons pourraient être ordonnées, celles-ci seront suspendues jusqu'à là même date.

Les réparations aux façades des maisons et aux murs des cours intérieures ne pourront être imposées aux propriétaires que par voie d'arrêtés individuels exclusivement fondés sur la sécurité ou l'hygiène publiques.

Sont caducs tous arrêtés antérieurement pris contraires à la présente disposition.

ART. 20. — L'exemption temporaire d'impôt foncier dont bénéficient, en vertu de l'article 9 de la loi du 8 août 1890, les constructions nouvelles, les reconstructions et les additions de construction, est portée à quinze ans, à compter de l'année qui suivra celle de leur achèvement, pour les constructions nouvelles, reconstructions et additions de constructions commencées et non encore terminées, ainsi que pour celles qui seront entreprises postérieurement à la promulgation de la présente loi pourvu qu'elles soient achevées avant le 31 décembre 1927.

Elle est, en outre, étendue, en ce qui concerne les mêmes immeubles ou portions d'immeubles, à la contribution des portes et fenêtres, ainsi qu'aux taxes spéciales perçues au profit des départements et des communes.

Sont toutefois exclus du bénéfice des dispositions qui précèdent :

1° Les immeubles ou portions d'immeubles affectés à un autre usage que l'habitation ;

2° Les immeubles ou portions d'immeubles construits par les sinistrés de la guerre ou leurs ayants droit et ayant donné lieu à l'attribution de l'indemnité prévue par le premier alinéa de l'article 4 de la loi du 17 avril 1919, relative à la réparation des dommages de guerre ;

3° Les habitations d'agrément, de plaisance où servant à la villégiature.

Les immeubles ou portions d'immeubles appelés à bénéficier des immunités fiscales instituées par le présent article qui seraient ultérieurement affectés à un autre usage que l'habitation cesseront d'avoir droit à ces immunités à compter de l'année immédiatement postérieure à celle de leur transformation, sans toutefois pouvoir être soumis à la contribution foncière avant l'expiration du délai d'exemption fixé par l'article 9 de la loi du 8 août 1920.

Art. 21. — Aucune des dispositions provisoirement restrictives du droit de propriété pouvant résulter soit de la présente loi, soit des lois du 9 mars 1918, du 23 octobre 1919 et du 1ᵉʳ mars 1921, n'est applicable aux immeubles construits ou affectés à l'habitation postérieurement à la promulgation de la présente loi.

Art. 22. — Toute modification des immeubles actuellement existants, quand elle aura pour but de créer de nouveaux locaux d'habitation, ne pourra ouvrir aucun droit à une demande d'indemnité de la part des locataires de la même maison, jusqu'au 1ᵉʳ janvier 1928.

Si, cependant, les travaux étaient de telle nature qu'ils rendent inhabitable ce qui est nécessaire au logement du locataire et de sa famille, celui-ci pourra demander la résiliation du bail ou une diminution du loyer.

Art. 23. — Toute renonciation au bénéfice de la présente loi et antérieure à sa promulgation sera réputée non écrite sauf dans les cas formellement prévus par la présente loi.

Art. 24. — La présente loi est applicable à l'Algérie.

Des décrets, rendus dans un délai de six mois, édicteront, dans les colonies et pays de protectorat français autres que la Tunisie et le Maroc, les dispositions qui pourront être nécessaires

Art. 25. — Toutes dispositions contraires à la présente loi sont abrogées.

Imp de l'Hôtel des Postes, 68, rue J.-J.-Rousseau. Paris (1ᵉʳ)